AF347344

# LES ADIEUX

*Tristes, délabrés, confus & natu-*
*rels de l'Auteur de la Comédie*
*des Philosophes, qui part pour*
*le Royaume du Pont.*

Excedo. Sed & hîc caufas infefta dolendi
Difponit Fortuna mihi. ...
*Euphorm. Satyr. Part. II.*

Eh bien! Meffieurs, êtes-vous con-
tents? Dieu merci, vous m'en avez
affez donné! Tête, bras, jambes,
échine, enfin toutes les parties de mon
corps, vous les avez à votre aife
contufées, brifées, broyées, pilées,
& paliffadées: il ne vous reftoit plus
que de m'exiler. Soyez donc fatisfaits;
je m'en vais, je pars au grand galop,
& bien fins fi vous me rattrappez.

N'allez-vous pas encore me deman-
der où je vais? Si je vous le difois,
cela feroit fort plaifant, & vous me
prendriez pour un grand fot; mais non,
vous n'en fçaurez rien: *nouveaux Mer-*

# LES TRISTES

# *ADIEUX*

## DE PALISSOT

*Qui part pour le Royaume du Pont.*

# A RAPSOPOLIS.

M. DCC. LX.

# LES ADIEUX

*Tristes, délabrés, confus & natu-
rels de l'Auteur de la Comédie
des Philosophes, qui part pour
le Royaume du Pont.*

Excedo. Sed & hîc caufas infesta dolendi
Difponit Fortuna mihi. . . .
*Euphorm. Satyr. Part. II.*

Eh bien! Messieurs, êtes-vous con-
tents? Dieu merci, vous m'en avez
affez donné! Tête, bras, jambes,
échine, enfin toutes les parties de mon
corps, vous les avez à votre aife
contufées, brifées, broyées, pilées,
& paliffadées : il ne vous reftoit plus
que de m'exiler. Soyez donc fatisfaits ;
je m'en vais, je pars au grand galop,
& bien fins fi vous me rattrappez.

N'allez-vous pas encore me deman-
der où je vais ? Si je vous le difois,
cela feroit fort plaifant, & vous me
prendriez pour un grand fot ; mais non,
vous n'en fçaurez rien : *nouveaux Mer-*

*res* , l'envie pourroit vous reprendre de revenir encore une fois régaler le pauvre *Sofie*.

Car moi qui m'en vais , je suis *Phi-losophe* , & je sçais bien ce dont vous êtes capables : les quatre Parties de la Philosophie m'ont enseigné qu'il ne faut pas se fier aux *Cornupetes*. **Notre** ami Horace le dit aussi : *Fœnum halent in cornu , longè fuge.*

Si vous restiez avec nous , m'allez-vous dire , *Pyrrhon* , lui-même , ne douteroit pas que vous ne fussiez Phi-losophe ; car c'est dans les dangers que la Philosophie brille ; ajoutez à cela qu'on n'est pas encore convaincu que vous soyez *Poëte*. Donc vous devez res-ter pour empêcher deux doutes de cette nature qui vous feroient grand tort.

Quant à la première Partie , *nego majorem* , ensuite *concedo minorem* ; & la meilleure conséquence , c'est qu'il faut que je parte ; l'aulne à laquelle on mesure les Ouvrages dans ce pays-ci , a la force centrifuge.

Tout cela n'est qu'une bagatelle.

Bagatelle ! Tout beau , Messieurs , tout beau : voyez-en les preuves sur la rondeur de mes formes. Une baga-telle ! je n'en ris pas , moi,

5

Souffrez que nous vous comparions à cette goutte d'eau tombée d'un nuage dans la mer, & confondue dans les abyſmes de l'Océan.

Je me rappelle ce conte Perſan. Eh bien, qu'en arriva-t-il?

La goutte ſe mit à raiſonner en elle-même & à s'écrier : « Hélas ! que je ſuis » peu de choſe dans ce vaſte Océan ! » & que mon exiſtence me paroît inu- » tile à l'univers ! Je me vois preſque ré- » duite à rien ; & je ſuis fort au-deſſous » des moindres Ouvrages de la Divi- » nité ». Cependant il arriva qu'une huitre qui étoit ſur ſon chemin, & qui ouvroit ſon écaille, la reçut au milieu de ce beau raiſonnement. La goutte s'y durcit peu à peu, juſqu'à ce qu'elle formât une Perle, qui tomba entre les mains d'un Plongeur, & qui, après une longue ſuite d'aventures, eſt cette fameuſe Perle qui orne aujourd'hui le diadême du Grand Sophi de Perſe.

Meſſieurs, on gagne beaucoup à vos comparaiſons : mais je vois bien que vous vous moquez de moi, & que vous me regardez comme un écolier.

Nous ne diſons pas cela, mais.....

Ce *mais* eſt fort impertinent. Il ſem-ble que vous m'ayez mis dans la balance , & que vous m'ayez trouvé un *minus habens*. Oh ! cela eſt douloureux !

Vous prenez tout en mauvaiſe part , continuez-vous à me répondre , ( car je ſuis le Philoſophe *in utramque partem* ) ; on voit bien , Monſieur , que vous avez envie de nous quitter : cela s'appelle briſer vous-même le nœud ſacré de la Société; nous ne vous ſoupçonnions pas d'être rancunier, ni d'aimer la méſintelligence.

Meſſieurs , Meſſieurs, prenez , s'il vous plaît , de moi des idées plus avantageuſes.

Nous penſerons de vous tout ce qu'il vous plaira ; au reſte , nous ſommes ſatisfaits ,... &c. Mais encore , notre cher M. P. , où vous retirez-vous ? En quel climat allez-vous habiter ? Car un dernier intérêt nous arrache cette queſtion ; & nous vous promettons que par-tout où vous ſerez , nous vous y laiſſerons tranquille , & même que nous vous y oublierons.

A cette vivacité d'intérêt , je reconnois que vous n'êtes plus mes ennemis; çà , je veux bien vous confier que je me retire au Royaume de *Mithridate* , dans le *Pont*.

Dans le *Pont !*

Oui, dans le *Pont*, pour y faire des *Tristes* & des *Elégies.* J'y amuserai les vieilles, pendant les nuits d'*Ecreignes*, au son de ma lyre, dont vous avez voulu fausser les sons : je leur ferai sentir la force de la nature ; & elles m'applaudiront, en remuant la cendre de leurs couvets, en chargeant leurs quenouilles & en tournant leurs fuseaux.

O toi ! la cause de ma fuite ; Piéce qui m'as fait déchirer & qui as été traitée de même ! vois mes larmes, entends mes regrets, mes sanglots & mes soupirs. Hélas ! c'est pour toi que je quitte une si belle ville, de si braves gens, de si honnêtes acteurs, de si courtoises actrices, de si sémillantes danseuses, de si jolis petits soupers & de si jolies petites académies !

Mais, me direz-vous, que ferez-vous là ? J'y apprendrai la naïveté & la simplicité. La Commere que j'y ferai & avec qui je mangerai des taupinambours, me dira : *Mon Compere, voulez-vous des châtaignes ? Non, ma Commere,* lui répondrai-je, *j'ai des navets. Eh bien, mon Compere,* reprendra-t-elle, *donnez-moi un navet, je vous donnerai deux châtaignes.* Vous voyez que ce

langage fera tout droit , & qu'il ne fera ni fiffler , ni battre fon Auteur.

Je ferai encore dans ce pays - là
une bonne chofe. Je vendrai mes ha-
bits de velours , & je ne me ferai plus
accommoder par le Perruquier ; tout
cet argent rentrera dans mon gouffet ,
& il y fera mieux que deffus mon
corps , & il fervira à payer mes dettes.
Car , *ô luxe, ô luxe, tu fçais les mal-
heurs que tu produis : l'ancienne Troye qui
avoit réfifté aux Grecs pendant dix ans ,
périt en un feul jour de luxe & de délices ,
elle & tous fes Habitans , & fut réduite en
cendres !*

Je ne ferai plus de rimaille , car ce
n'eft pas un travail : mais je m'occupe-
rai à des Traductions; & quand je n'en-
tendrai pas une phrafe , je chercherai
dans le Dictionnaire , dans la Gram-
maire & ailleurs , & je ferai fi bien que
j'en viendrai à bout.

Alors vous me direz , courage , no-
ami P. ; c'eft cela qu'on appelle travail-
ler pour un Réformé du Parnaffe.

Alors , fi vous me critiquez , je re-
prendrai mon fiel , car :

*Cælum , non animam mutant , qui trans mare currunt :*

« Ceux qui paffent la mer changent
» d'air , mais non pas d'ame ni de vo-

>> prix de la méchanceté qui les a dic-
>> tés >>. *pag.* 16 & 17 *de son Verbiage.*

Voilà comme je rive le clou à celui-là ;
& je le lui riverai bien mieux s'il m'offense
encore : c'est peut-être *un pauvre diable*;
par cette raison j'en ai pitié. Vous voyez
qu'il ne sçait ce qu'il dit, quand il avan-
ce que j'ai manqué les plus belles scènes de ma Piéce : *Ce poisson n'étoit pas
fait pour lui.* Au reste, quand je les au-
rois manquées, cela ne feroit tort qu'à moi
seul, à mon jugement, à mon esprit, &
non à ma bourse. Il vaut mieux manquer
deux ou trois scènes qu'un Ouvrage *in-
folio*, &c. Mais, halte-là, ne cessons
pas d'être généreux. Cependant j'ajou-
terai encore contre les gens loquaces,
& en faveur des personnes discrettes,
qu'Horace dit, l. 1. Ep. 18. 69.

*Percontatorem fugito : nam garrulus idem est.*

Fuyez ces gens qui font des *Qui ?* &
des *Qu'est-ce ?* ils font, pour l'ordinaire
grands Parleurs.

Et si le malheur m'arrive jamais d'ê-
tre acosté d'un pareil homme, je me
rappellerai l'histoire de *Caius Gracchus*,
Romain de nation. Il se mettoit souvent
en colère, & parloit alors avec tant de
violence & d'impétuosité, qu'il perdoit

la tramontane & la respiration. Pour remédier à ce défaut, il avoit un domestique fort spirituel, nommé *Licinius*, qui le suivoit par-tout, avec une espèce de flûte douce dans la poche, ou un instrument propre à régler la voix, & qui ne le voyoit pas plutôt sur le point de se fâcher, qu'il jouoit un air tendre, capable de l'émouvoir ; de sorte que *Gracchus* le prenoit d'abord sur un ton plus bas, & qu'il se calmoit. *Plutarq.*

Je connois certain Babillard, si charmé du ton de sa voix, qu'il ne souffriroit pas qu'un de ses domestiques s'avisât de le réprimer. Mais je proteste que, si je me retrouve avec lui, j'aurai soin de me munir de la flûte de *Licinius* ; parce que, par ma qualité d'auditeur, j'aurai le droit de jouer un petit air mélodieux pour ma propre défense.

Voilà les reproches que j'avois à vous faire avant que de partir. Je vous ai dit tout ce que j'avois sur le cœur, & il ne nous reste plus qu'à faire la paix. Je vous l'accorde, & je la reçois de tout mon cœur ; vivons donc désormais comme de bonnes gens, & ménageons-nous les uns & les autres. *Que la paix est une belle chose !*

Le chêne, orgueilleux parce qu'il a

réfiſté au vent, a été déraciné ; & moi,
foible roſeau, j'ai plié & me ſuis replié
en tout ſens, & j'ai fait face aux chocs
les plus violens.

Ne combattons-nous pas tous ſous les
drapeaux d'*Apollon* ? Laiſſons donc là
les armes, abandonnons-les aux enfans
de *Mars*, & faiſons notre cour aux Mu-
ſes ; c'eſt dans leur ſein que nous trou-
verons la paix.

Comme le bouc *Haȝaȝel*, vous m'a-
viez chargé de l'iniquité des autres &
des vôtres ; mais où je vais, je ſerai com-
blé d'honneurs ; & partout ce ne ſera
qu'*Epinicies* à ma gloire.

Mais me voilà armé du *tiſon ardent*,
& je vais faire l'eau luſtrale qui nous
purifiera tous.

Si je meurs dans mon éxil, vous m'é-
leverez, ſans doute, un galant *Cénota-
phe* ; mais cependant je ferai tous mes
efforts pour venir mourir dans ce pays-ci.

Dans le traité de paix que nous allons
faire, évitons ſurtout les termes équi-
voques, afin qu'il n'y ait point de nul-
lités ; ſinon, quand je ſerai arrivé, je
ferai une belle Piéce *Exotique* qui vous
confondra à jamais.

Ainſi, la couronne funébre ſur la tête, &
la main armée du bâton de mon voyage,

Écoutez mes derniers *Adieux* ; ils feront touchans, fi vous n'en riez pas.

*Adieu*, Meffieurs les Auteurs , & mes confreres en fifflets. Je pars pour rectifier ma nature , & pour ne plus faire que des portraits véritables.

*Adieu*, vrais Sages, dont j'ai chargé les traits en *caricature*, difloqué les proportions , & fait de votre beauté les monftres les plus affreux.

*Adieu*, Honnêtes-Gens, à qui j'ai manqué de bonne foi , & que j'ai dégradés, dit-on.

*Adieu*, Politiques , qui attribuez mes plus belles actions à l'artifice & à la rufe.

*Adieu*, Gens mauffades & chagrins, qui prenez les vapeurs de votre rate pour les lumières de la Philofophie.

*Adieu*, Gens vicieux, qui cherchez à ruiner jufqu'aux apparences du vrai mérite, parce qu'il vous reproche vos défordres, & que vous êtes incapables de vous diftinguer par aucun bon endroit.

*Adieu*, Efprits fatyriques qui envenimez tout, & dépeignez tout fous les couleurs les plus noires, comme j'ai voulu le faire.

*Adieu*, faux Modeftes , qui cherchez plutôt à fatisfaire les autres , par une fauffe libéralité , qu'à vous donner à vous-mêmes quelque plaifir ; & qui, dans l'acte même, êtes la proie de certain remord,

*Adieu*, vrais Modeftes, qui rougiffez de faire rien qui répugne aux principes de la vraie raifon.

*Adieu*, Efprits agréables, qui avez tant de pouvoir fur les Compagnies, qu'on vous paffe tous vos défauts. Continuez d'être gens fans parole, bourrus & incommodes à vos femmes, inexacts fur l'honneur, la civilité & la complaifance ; pourvu que vous foyez toujours charmans, agréables & divertiffans, vous commanderez toujours à la Société.

*Adieu*, vous qui vantez vos défauts & qui n'ofez pas avouer vos bonnes qualités.

*Adieu*, Gens dévots, triftes, mélancoliques, qui vous croyez obligés, en confcience, d'être pâles, & qui vous imaginez qu'un éclat de rire fubit eft contraire à l'honnéteté,

*Adieu*, petits-Maîtres, Race fainéante, qui n'êtes point faits pour les Emplois mâles, & qui avez des vapeurs comme les femmes.

*Adieu*, Ingrats & Méchans, qui fuyez ceux à qui vous avez obligation, qui

vous font liés par le fang & les allian-
ces , qui en médites , qui vous élévez &
foulevez les autres contre eux , & qui
faites injurier vos proches par vos enfans. Puiffe le cancer des remords vous
ronger le cœur , &c.

Enfin, *Adieu*, faux Amis, dont la foible
inclination ne vous a jamais porté à tra-
vailler au bien mutuel ; qui manquez de
bienveillance & d'eftime ; qui étes pé-
tris d'envie & de jaloufie ; qui m'avez
envoyé de prétendus créanciers me de-
mander de l'argent la veille de ma fête ;
qui ne vous réjouiffez point de voir votre
ami plus heureux , & qui doutez fi vous
devez le faire ; qui l'abandonnez & le
perfécutez lorfqu'il lui arrive quelque ac-
cident , & qui en parlez mal lorfqu'il eft
dans le malheur. Si *Achille* ruina la Grè-
ce , du moins fon amitié la fauva ; il
avoit fon *Patrocle* , comme *Enée* fon
*Achate*. *Adieu* auffi , vous Amis impru-
dens , qui en abandonnez un fage &
vertueux , parce que les autres ont
trouvé en lui de bonnes qualités qui leur
manquoient , & qui fouffrez qu'on l'ac-
cufe , devant vous , de défauts dont il
n'étoit pas coupable ; j'efpère que vous
vous repentirez de votre erreur , & que
vous méprilerez un Agent turbulent, qui

ne cherche que l'occaſion de vous dé-
vorer : *Circuit quærens quem devoret.* S'il
vous reſte encore quelque principe, vous
reviendrez à moi , & nous irons faire la
paix bien largement à l'*Eſtaminette.* Ecri-
vez-moi par la *Petite-Poſte* , s'il y a ré-
ponſe , & par-là je verrai ſi vous êtes
mes amis.

*C'eſt ainſi qu'en partant , je vous fais mes adieux.*


# F I N.

www.ingramcontent.com/pod-product-compliance
Lightning Source LLC
LaVergne TN
LVHW010821180726
843502LV00009B/3463